Vorwort

Diese Freak-Shakes sind viel mehr als ganz normale Milchshakes! Auf der Basis von schnell zubereiteten Vanille- oder Schokoladenmilchshakes werden hier völlig verrückte Milchshakes zubereitet. Mit frittierten Schokokeksen, Zimtschnecken oder veganen Brownies werden sie zu einer sättigenden Zwischenmahlzeit voller süßer und superleckerer Zutaten. Und da das Auge ja bekanntlich auch mitisst, werden die Gläser aufwendig mit Schokoladenganache, bunten Streuseln, gehackten Pistazien und anderen köstlichen „On-tops" dekoriert. Wie wär es, wenn Sie im Sommer Ihren Gästen anstelle eines Kuchens einen solch bunten, kühlen Freak-Shake anbieten? Damit werden Sie sicherlich Eindruck schinden! Und wenn Sie Lust haben, können Sie die hier vorgestellten Rezepte natürlich noch nach Herzenslust abwandeln und Ihre Küche gemeinsam mit Ihren Freunden in eine Freak-Shake-Experimentierküche verwandeln!

Viel Spaß dabei!

Zartbitterganache
Weiße Schokoladen-ganache
Vollmilchganache

Grundrezepte

Zutaten

Weiße Schokoladenganache:

600 g weiße Kuvertüre
200 ml Sahne

Vollmilchganache:

200 g Zartbitterkuvertüre
200 g weiße Kuvertüre
200 ml Sahne

Zartbitterganache:

200 g Zartbitterkuvertüre
200 ml Sahne

Ganache

1 Kuvertüre in feine Stücke hacken und in eine Schüssel geben.

2 Sahne in einem Topf erhitzen, aber nicht aufkochen.

3 Sahne über die Kuvertüre gießen und mit einem Schneebesen so lange rühren, bis eine homogene Masse entsteht.

4 Abkühlen lassen.

Belgische Schokowaffeln
Frittierte Schokoladenkekse

Cookie-Dough-
Kugeln
Erdnussbutterpralinen

ZUTATEN
FÜR 20 STÜCK:

110 g Butter, zimmerwarm
135 g brauner Rohrzucker
140 g Mehl + 50 g für die Kugeln
1/2 TL Salz
1 TL gemahlene Vanille
100 ml Milch
70 g Zartbitter-Schokoladendrops

Cookie-Dough-Kugeln

1 Butter mit braunem Zucker in einer Schüssel mit dem Handrührgerät oder in einer Küchenmaschine 3 Minuten schaumig rühren.

2 140 g Mehl, Salz und gemahlene Vanille nach und nach unter die Zuckermischung rühren.

3 Milch unterrühren, bis eine glatte, cremige Masse entstanden ist. Falls die Masse noch etwas zu fest ist, noch 1 bis 2 Esslöffel Milch hinzufügen.

4 Anschließend die Schokoladendrops unterheben.

5 Um aus der Cookie-Dough-Creme Kugeln zu formen, 50 g Mehl unter den Teig rühren und diesen 20 Minuten kühl stellen. Anschließend mit den Händen kleine Kugeln formen und diese bis zur weiteren Verwendung kühl lagern.

ZUTATEN
FÜR 20 STÜCK:

1 Ei
1 Prise Salz
100 g Mehl
1/2 Päckchen Backpulver
120 ml Milch
25 g Butter
20 Schokoladenkekse mit Milchcremefüllung
500 ml Öl
50 g Puderzucker

Frittierte Schokoladenkekse

1 Das Ei trennen und das Eiweiß mit einer Prise Salz in einer Schüssel mit einem Handrührgerät oder in einer Küchenmaschine steif schlagen.

2 Mehl, Backpulver, Eigelb, Milch und Butter in einer Schüssel zu einer glatten Masse verrühren.

3 Anschließend vorsichtig das Eiweiß unterheben.

4 Die Kekse in die fertige Mischung eintauchen.

5 Einen Topf mit Öl erhitzen und die eingedeckten Kekse ungefähr 2 Minuten frittieren.

6 Auf einem Rost abkühlen lassen und mit Puderzucker bestreuen.

Zutaten
für 8 kleine Waffeln:

150 g Butter + etwas für das Waffeleisen
50 g Zucker
1 TL gemahlene Vanille
1 Prise Salz
1 Ei
150 ml Milch
200 g Mehl
1 TL Backpulver
100 g Hagelzucker
100 g Zartbitterkuvertüre

Belgische Schokowaffeln

1 Butter, Zucker, gemahlene Vanille und Salz in einer Schüssel mit einem Handrührgerät oder in einer Küchenmaschine 5 Minuten schaumig schlagen. Ei und Milch nach und nach hinzufügen.

2 Mehl und Backpulver sieben und unter die Masse rühren.

3 Hagelzucker unterrühren und den Teig 30 Minuten ruhen lassen.

4 Ein Waffeleisen vorheizen und mit Butter einfetten. Etwa 4 Esslöffel Teig hineingeben und bei geschlossenem Deckel eine Minute backen, bis die Waffeln goldbraun sind. Anschließend auskühlen lassen.

5 Zartbitterkuvertüre über einem Wasserbad schmelzen. Die Waffeln anschließend bis zur Hälfte in die geschmolzene Schokolade eintauchen und auf einer Unterlage abkühlen lassen.

Zutaten
für 12 große oder 20 kleine Pralinen:

200 g Zartbitterkuvertüre
125 g cremige Erdnussbutter
30 g Puderzucker
30 g Butter, zimmerwarm
300 g Sahne

Erdnussbutterpralinen

1 Eine Pralinenform für kleine runde Pralinen mit Papierförmchen auslegen.

2 Die Zartbitterkuvertüre über dem Wasserbad schmelzen, die Papierförmchen zu einem Drittel mit Kuvertüre füllen und für 20 Minuten kühl stellen.

3 Erdnussbutter, Butter und Puderzucker in einer Schüssel mit dem Handrührgerät oder in der Küchenmaschine verrühren.

4 Die Masse in einen Spritzbeutel füllen, auf die ausgehärtete Schokolade spritzen und die Förmchen wieder kühl stellen.

5 Die restliche geschmolzene Kuvertüre auf den Pralinen verteilen und nochmals 1 Stunde kühl stellen.

Funfetti Cake Pops
Mini Donut
Mini Cheesecake
Meringue

Zutaten
für ca. 25 Stück:

2 Eiweiß
1 Prise Salz
1 TL gemahlene Vanille
110 g Zucker
Lebensmittelfarbe

Meringue

1 Den Backofen auf auf 120 °C (Ober-/Unterhitze) vorheizen.

2 Eiweiß, Salz und Vanille in einer Schüssel mit einem Handrührgerät oder in einer Küchenmaschine steif schlagen.

3 Den Zucker langsam einrieseln lassen und die Masse weiter schlagen, bis sich der Zucker vollständig aufgelöst hat.

4 Die Innenseite eines Spritzbeutels mit etwas Lebensmittelfarbe bestreichen und die Eiweißmasse hineinfüllen.

5 Ein Backblech mit Backpapier auslegen und die Masse in kleinen Tropfen daraufspritzen. 90 Minuten backen.

Zutaten
für 16 Vanille-Donuts:

115 g Butter + etwas zum Einfetten der Form
115 g Zucker
1 Ei
170 g Mehl
2 TL Backpulver
1 Prise Salz
1 TL gemahlene Vanille
115 ml Milch + 10 ml
100 g Puderzucker
rosa Lebensmittelfarbe
bunte Streusel

Mini Donuts

1 Eine Form für Mini Donuts einfetten.

2 Butter und Zucker in einer Schüssel mit dem Handrührgerät oder in der Küchenmaschine 5 Minuten schaumig schlagen. Das Ei unterrühren.

3 Mehl, Backpulver, Salz und gemahlene Vanille hinzufügen und alles zu einer glatten Masse verrühren.

4 Langsam 115 ml Milch dazugießen und den Teig nochmals 5 Minuten rühren.

5 Den Teig gleichmäßig auf die Donutformen verteilen und bei 170 °C Ober-/Unterhitze 15 Minuten backen. Den Teig auskühlen lassen und anschließend aus der Form lösen.

6 Puderzucker und restliche Milch zu einer zähflüssigen Masse verrühren, anschließend mit etwas Lebensmittelfarbe färben. Die Donuts in die Glasur tauchen und mit Streuseln verzieren.

Mini Cheesecakes

Zutaten
für 20 Mini Cheesecakes:

Für den Boden:

100 g Butterkekse
70 g Butter

Für die Masse:

600 g Frischkäse
200 g Schmand
200 g Zucker
3 Eier
1/2 Packung Vanillepuddingpulver
1 EL gemahlene Vanille

1 Den Backofen auf 150 °C (Ober-/Unterhitze) vorheizen. Eine Form für Mini-Muffins mit Papierförmchen auslegen.

2 Die Butterkekse zerstoßen oder im Mixer zerkleinern. Die Butter im Topf schmelzen. Die geschmolzene Butter zu den Butterkeksen geben und vermengen. Gleichmäßig auf die Förmchen verteilen und 10 Minuten im Ofen backen.

3 Den Frischkäse, Schmand, Zucker, Eier, Vanillepuddingpulver und gemahlene Vanille in einer Schüssel mit einem Handrührgerät oder in einer Küchenmaschine verrühren.

4 Die Frischkäsemasse gleichmäßig auf die Förmchen verteilen und nochmals ungefähr 20 Minuten backen.

5 Die Cheesecakes in den Förmchen auskühlen lassen.

Funfetti Cake Pops

Zutaten
für ca. 30 Cake Pops:

10 Cupcakeböden (siehe Grundrezept Cupcakes)
250 g Frosting
150 g bunte Streusel
200 g weiße Kuvertüre
30 Cake-Pop-Stiele

1 Die Cupcakeböden in einer großen Schüssel zerbröseln.

2 Den zerbröselten Teig, das Frosting und die Streusel mit den Händen zu einer klebrigen Masse vermengen. Diese mit den Händen zu Kugeln formen (jeweils etwa 35 g) und für 10 Minuten in das Gefrierfach legen.

3 Die weiße Kuvertüre in grobe Stücke hacken und im Wasserbad unter ständigem Rühren schmelzen.

4 Die Cake-Pop-Stiele in die Kuvertüre tauchen und in die Teigkugeln stecken. Mindestens 30 Minuten kühlen lassen.

5 Anschließend nochmals in die Kuvertüre tauchen und mit bunten Streuseln verzieren. Für eine Stunde kühl stellen.

Brownies
Zimtrollen

Frosting

Vanille-Cupcakes mit Frosting

ZUTATEN
FÜR 1 BLECH (23 CM x 23 CM)
(ERGIBT 9 GROSSE BROWNIES):

125 g Butter
125 ml Öl
550 g Zucker
1 EL gemahlene Vanille
4 Eier
180 g Mehl
125 g Backkakao
125 g Schokoladendrops
1 Prise Salz

Brownies

1 Den Backofen auf 150 °C (Umluft) vorheizen und ein Backblech mit Backpapier auslegen.

2 Die Butter in einem Topf schmelzen lassen und anschließend mit Öl, Zucker und gemahlene Vanille in einer Küchenmaschine oder mit einem Handrührgerät verrühren.

3 Die Eier nach und nach hinzufügen.

4 Mehl, Kakaopulver und Salz in einer separaten Schüssel miteinander vermischen und langsam unter die Browniemasse rühren, bis eine glatte Masse entsteht.

5 Abschließend die Schokoladendrops unterrühren, den Teig gleichmäßig auf dem Blech verteilen und ungefähr 30 Minuten backen. Bei der Zahnstocherprobe sollte noch etwas Teig kleben bleiben, damit der Brownie schön matschig bleibt. Wenn der Brownie ausgekühlt ist, in Stücke schneiden.

ZUTATEN
FÜR 12 CUPCAKES:

115 g Butter
200 g Zucker
2 Eier
2 TL gemahlene Vanille
200 g Mehl
2 TL Backpulver
120 ml Milch

Vanille-Cupcakes

1 Den Backofen auf 170 °C (Ober-/Unterhitze) vorheizen. Ein Muffinblech mit Papierförmchen auslegen.

2 Butter und Zucker in einer Schüssel mit einem Handrührgerät oder in einer Küchenmaschine schaumig rühren.

3 Die Eier einzeln hinzufügen, dann die Vanille.

4 Mehl und Backpulver nach und nach unterrühren.

5 Die Milch hinzufügen, bis der Teig cremig ist.

6 Den Teig gleichmäßig auf die Muffinförmchen verteilen und etwa 20 Minuten backen. Die Muffins abkühlen lassen.

Zutaten

110 g Butter
480 g Puderzucker
1 TL gemahlene Vanille
1 Prise Salz
60 ml Milch
bunte Streusel

Frosting

1 Die Butter in einer Schüssel mit einem Handrührgerät oder in einer Küchenmaschine 5 Minuten schaumig schlagen.

2 Puderzucker, gemahlene Vanille, Salz und Milch langsam dazugeben und rühren, bis die Masse cremig ist.

Zutaten
für 12 Schnecken

Teig
1 Würfel Hefe
120 ml Wasser
120 ml Milch
60 g Margarine
60 g Zucker
1 Ei
1 TL Salz
480 g Mehl + etwas zum Bestäuben

Füllung
20 g Butter
40 g Zucker
2 TL Zimt

Glasur
120 g Puderzucker
10 g Vanillezucker
1 EL Milch

Zimtrollen

1 Hefe, Wasser, Milch, Margarine, Zucker, Ei, Salz und Mehl in einer Schüssel mit einem Handrührgerät oder in einer Küchenmaschine verrühren, bis ein glatter Teig entsteht. Schüssel mit einem Tuch abdecken und 1 Stunde ruhen lassen.

2 Ein Backbleck mit Backpapier auslegen und den Ofen auf 170 °C (Ober-/Unterhitze) vorheizen.

3 Die Arbeitsfläche mit Mehl bestäuben und den Teig auf etwa 70 cm x 40 cm ausrollen.

4 Für die Füllung die Butter in einem Topf schmelzen lassen. Zucker und Zimt in einer Schale vermischen. Die geschmolzene Butter sowie die Zimt-Zucker-Mischung gleichmäßig auf dem Teig verteilen.

5 Den Teig aufrollen und die Rolle in etwa 5 cm dicke Schneiden schneiden. Diese mit 5 cm Abstand zueinander auf das Backblech legen und ungefähr 30 Minuten backen.

6 Puderzucker, Vanillezucker und Milch miteinander verrühren und auf die warmen Zimtschnecken gießen. Abkühlen lassen.

Veganer
Cookie Dough
Vegane Brownies

ZUTATEN
FÜR 1 BLECH
(ERGIBT 9 GROSSE BROWNIES):

1 EL gemahlene Vanille
130 g Mehl
1 Prise Salz
1/2 TL Backpulver
70 g brauner Zucker
70 g Zucker
2 EL Speisestärke
240 ml Sojamilch
110 ml Öl
250 g Zartbitterkuvertüre

Vegane Brownies

1 Ein Backblech mit Backpapier auslegen und den Backofen auf 160 °C (Umluft) vorheizen.

2 gemahlene Vanille, Mehl, Salz, Backpulver, brauner Zucker, Zucker und Speisestärke in einer Schüssel miteinander verrühren.

3 Sojamilch und Öl mit einem Handrührgerät oder in einer Küchenmaschine vermischen und die Mehlmischung nach und nach hinzufügen, bis ein glatter Teig entsteht.

4 Zartbitterkuvertüre in einem Wasserbad schmelzen und unter den Teig rühren. 5 Minuten ruhen lassen und anschließend gleichmäßig auf dem Backblech verteilen.

5 20 Minuten backen. Bei der Zahnstocherprobe sollte noch etwas Teig kleben bleiben, damit die Brownies schön matschig sind. Wenn der Brownie ausgekühlt ist, in Stücke schneiden.

ZUTATEN

110 g pflanzliche Margarine
135 g brauner Rohrzucker
150 g Mehl
1/2 TL Salz
1 TL gemahlene Vanille
6 EL Sojamilch
70 g Zartbitter-Schokoladendrops

Veganer Cookie Dough

1 Vegane Butter und braunen Zucker in einer Schüssel mit einem Handrührgerät oder in einer Küchenmaschine 5 Minuten verquirlen.

2 Mehl, Salz und gemahlene Vanille dazugeben.

3 Die Sojamilch langsam unterrühren, bis der Teig cremig ist. Anschließend die Schokoladendrops unterheben.

Funfetti-Vanille-Freakshake

CREMIG-SÜSS

ZUTATEN

Vanille Cupcakes
Funfetti Cake Pops
Ganache aus weißer Schokolade
Vanillemilchshake
Sahne nach Belieben
Mini Marshmallows
bunte Streusel
Holzspieß

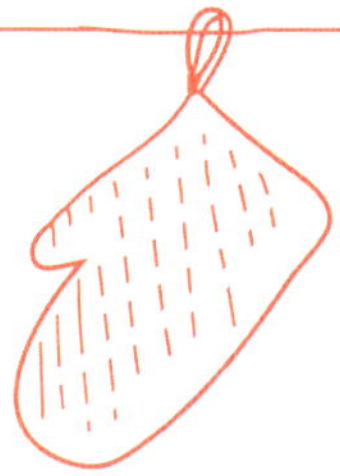

VORBEREITUNG

1 Cupcakes backen und auskühlen lassen. Mit Frosting überziehen und mit bunten Streuseln verzieren, dabei Streusel für die Dekoration zurückbehalten.

2 Funfetti Cake Pops zubereiten.

3 Ein Glas mit weißer Ganache bestreichen und anschließend in bunte Streusel eintauchen. Die restliche weiße Ganache im Glas verteilen.

ANRICHTEN

4 Den Vanillemilchshake in das präparierte Glas füllen.

5 Die Sahne steif schlagen und auf den Shake sprühen.

6 Bunte Mini Marshmallows und bunte Streusel auf der Sahne verteilen.

7 Die Cake Pops auf die Sahne legen.

8 Cupcake auf einen Holzspieß spießen und in das Glas stellen.

WOW

Schokokeks-Freakshake

EINE SCHOKOLADIGE SÜNDE

ZUTATEN

Frittierte Schokokekse mit Milchcremefüllung

Ganache aus Zartbitterschokolade

3 EL Schokoladensauce

Vanillemilchshake mit Schokoladenkeksen

Schokokeksstückchen

Sahne

Holzspieß

VORBEREITUNG

1 Die frittierten Schokokekse in Stücke brechen.

2 Ein Glas mit Ganache aus Zartbitterschokolade bestreichen und in die zerbrochenen Schokokekse dippen, dabei Kekse für die Dekoration zurückbehalten.

3 Die Schokoladensauce am Innenrand des Glases verteilen, dabei etwas für die Dekoration zurückbehalten.

ANRICHTEN

4 Einen Vanillemilchshake mit 5 Keksen mixen.

5 Den Milchshake in das Glas füllen.

6 Die Sahne steif schlagen und auf den Milchshake sprühen.

7 Die Sahne mit der Schokoladensauce beträufeln.

8 Zerbrochene Schokokekse auf die Sahne legen.

9 Die frittierten Schokokekse auf einen Holzspieß spießen und in das Glas stellen.

Lemon Cheesecake Freakshake

ZITRONIG-FRISCH

ZUTATEN

Ganache aus weißer Schokolade

20 g weiße Schokoladenraspel

2 EL Lemon Curd

Mini Cheesecakes

Vanillemilchshake

1 EL Zitronenaroma

Sahne nach Belieben

Holzspieß

VORBEREITUNG

1 Ein Glas mit Ganache aus weißer Schokolade bestreichen und in weiße Schokoladenraspel dippen, dabei noch Schokoladenraspel für die Dekoration zurückbehalten.

2 Die weiße Schokoladenganache am Innenrand des Glases verteilen, dabei noch etwas Ganache für die Dekoration zurückbehalten. Lemon Curd im Glas verstreichen

3 Mini Cheesecakes backen.

ANRICHTEN

4 Das Zitronenaroma in den Vanillemilchshake rühren.

5 Den Milchshake in das Glas füllen.

6. Die Sahne steif schlagen und auf den Milchshake sprühen.

7 Die Sahne mit der restlichen Schokoladenganache beträufeln.

8 Die restlichen Schokoladenraspel auf die Sahne streuen.

9 Die Mini Cheesecakes auf einen Holzspieß spießen und in das Glas stellen.

Strawberry Freakshake

FRUCHTIGE VERSUCHUNG

ZUTATEN

Mini Donuts
Ganache aus Vollmilchschokolade
herzförmige Streusel
3 EL Erdbeersauce
3 EL Schokoladensauce
Vanillemilchshake
2 Handvoll gefrorene Erdbeeren
Sahne
Holzspieß

VORBEREITUNG

1 Mini Donuts backen.

2 Ein Glas mit Ganache aus Zartbitterschokolade bestreichen und in Herzstreusel dippen, dabei Herzstreusel für die Dekoration zurückbehalten.

3 Erdbeer- und Schokoladensauce am Innenrand des Glases verteilen, dabei Schokoladensauce für die Dekoration zurückbehalten.

ANRICHTEN

4 Vanillemilchshake mit den gefrorenen Erdbeeren mixen.

5 Den Milchshake in das Glas füllen.

6 Die Sahne steif schlagen und auf den Milchshake sprühen.

7 Die restliche Schokoladensauce und Herzstreusel auf der Sahne verteilen.

8 Die Mini Donuts auf einen Holzspieß stecken und in das Glas stellen.

Peanutbutter Banana Freakshake

EINE KÖSTLICHE LECKEREI

Zutaten

Ganache aus Zartbitterschokolade

1 handvoll gesalzene Erdnüsse

3 EL fertige Karamellsauce

Erdnussbutterpralinen

1 Banane

Vanillemilchshake

2 EL Erdnussbutter

Sahne

Vorbereitung

1 Ein Glas mit Ganache aus Zartbitterschokolade bestreichen und in Erdnüsse dippen, dabei Erdnüsse für die Dekoration zurückbehalten.

2 Karamellsauce ins Glas laufen lassen, dabei Sauce für die Dekoration zurückbehalten.

3. Erdnussbutterpralinen zubereiten.

4 Die Banane schälen, in Scheiben schneiden und für 1 Stunde im Gefrierkühlschrank kühlen.

Anrichten

5 Vanillemilchshake mit den gefrorenen Bananenscheiben und 2 Esslöffeln Erdnussbutter mixen bis eine homogene Masse entsteht und in das Glas füllen.

6 Den Milchshake in das Glas füllen.

7 Die Sahne steif schlagen und auf den Milchshake sprühen.

8 Die restliche Erdnussbutter schmelzen und auf der Sahne verteilen.

9 Die Erdnussbutterpralinen auf die Sahne legen.

10 Die restlichen Erdnüsse auf die Sahne streuen und mit Karamellsauce beträufeln.

Salted Caramel Freakshake

SALZIG & SÜSS

Zutaten

Brezeln mit Schokolade

Ganache aus Zartbitterschokolade

bunte Streusel

2 EL Karamellsauce

2 EL Schokoladensauce

Vanillemilchshake

1 Prise Fleur de Sel

Sahne

Popcorn nach Belieben

Vorbereitung

1 Brezeln zur Hälfte in Ganache aus Zartbitterschokolade dippen und mit bunten Streuseln verzieren. Auskühlen lassen.

2 Ein Glas mit Zartbitterganache bestreichen.

3 Die Brezeln an die Ganache am Glasrand drücken.

4 Karamell- und Schokoladensauce am Innenrand des Glases verteilen, dabei Karamellsauce für den Milchshake und die Dekoration zurückbehalten.

Anrichten

5 Den Vanillemilchshake mit 1 EL Karamellsauce und 1 Prise Fleur de Sel verrühren.

6 Den Milchshake in das Glas füllen.

7 Die Sahne steif schlagen und auf den Shake sprühen

8 Mit Karamellsauce beträufeln und mit Popcorn bestreuen.

Tiramisù Freakshake

ITALIAN FLAVOUR

Zutaten

30 g Zartbitterschokolade
2 Löffelbiskuits
Ganache aus Zartbitterschokolade
20 g Mokkabohnen
fertige Schokoladensauce
Vanillemilchshake
1 Tasse Espresso
Sahne
Schokoladenraspel nach Belieben

Vorbereitung

1 Die Zartbitterschokolade im Wasserbad schmelzen und die Löffelbiskuits hineintunken. Auskühlen lassen.

2 Ein Glas mit Ganache aus Zartbitterschokolade bestreichen und in Mokkabohnen dippen.

3 Schokoladensauce am Innenrand des Glases verteilen.

Anrichten

4 Den Vanillemilchshake mit einer Tasse Espresso verrühren.

5 Den Milchshake in das Glas füllen.

6 Die Sahne steif schlagen und auf den Milchshake sprühen.

7 Schokoladensauce auf die Sahne träufeln.

8 Schokoladenraspel darüberstreuen.

9 Die Schokoladen-Löffelbiskuits in die Sahnehaube stecken.

Cookie Dough Freakshake

EINFACH ZUM VERNASCHEN

ZUTATEN

Cookie Dough
Ganache aus dunkler Schokolade
30 g Schokoladenraspel
3 EL Schokoladensauce
Vanillemilchshake
Sahne
Mini-Cookie-Dough-Kugeln

VORBEREITUNG

1 Ein Glas mit Ganache aus Zartbitterschokolade bestreichen und in Schokoladenraspel tauchen, dabei Raspel für die Dekoration zurückbehalten.

2 Schokoladensauce im Glas verteilen, dabei Sauce für die Dekoration zurückbehalten.

3 Cookie-Dough-Creme innen an den Glasrand drücken.

ANRICHTEN

4 Den Vanillemilchshake in das Glas füllen.

5 Die Sahne steif schlagen und auf den Shake sprühen.

6 Die Mini-Cookie-Dough-Kugeln auf die Sahne setzen und mit der restlichen Schokoladensauce beträufeln.

7 Mit den übrigen Schokoladenraspeln bestreuen.

Cinnamon Bun Freakshake

MIT DEM GEWISSEN ETWAS

ZUTATEN

Ganache aus Zartbitter-schokolade
Zimtcornflakes
3 EL Karamellsauce
Vanillemilchshake
1/2 TL Zimt
Sahne
Zimtschnecken
Holzspieß

VORBEREITUNG

1 Ein Glas mit Ganache aus Zartbitterschokolade bestreichen und in Zimtcornflakes dippen.

2 Die Karamellsauce am Innenrand des Glases verteilen, dabei Sauce für die Dekoration zurückbehalten.

ANRICHTEN

3 Den Zimt in den Vanillemilchshake rühren.

4 Den Milchshake in das Glas füllen.

5 Die Sahne steif schlagen und auf den Milchshake sprühen.

6 Die restliche Karamellsauce über die Sahne träufeln.

7 Zerstoßene Zimtcornflakes über die Sahne streuen.

8 Die Zimtschnecken auf einen Holzspieß spießen und in das Glas stellen.

Schoko-Mint-Freakshake

VERY BRITISH

ZUTATEN

Ganache aus Zartbitterschokolade
30 g Zartbitter-Schokoladendrops
3 EL Schokoladensauce
Schokoladenmilchshake
50 g Pfefferminzschokolade
Meringue

VORBEREITUNG

1 Ein Glas mit Ganache aus Zartbitterschokolade bestreichen und in Schokoladendrops dippen.

2 Die Schokoladensauce am Innenrand des Glases verteilen, dabei Sauce für die Dekoration zurückbehalten.

ANRICHTEN

3 Den Schokoladenmilchshake in das Glas füllen.

4 Die Sahne steif schlagen auf den Shake sprühen.

5 Schokoladensauce über die Sahne träufeln.

6 Die Pfefferminzschokolade in Stücke brechen und in die Sahne stecken.

7 Meringue auf die Sahne legen.

White Chocolate & Raspberry Freakshake

BUNT & FRÖHLICH

Zutaten

Ganache aus weißer Schokolade

herzförmige Streusel

essbarer Glitzer

3 EL Himbeersauce

Vanillemilchshake

2 Handvoll gefrorene Himbeeren

Sahne

50 g weiße Schokolade

bunter Puffreis

Vorbereitung

1 Ein Glas mit Ganache aus weißer Schokolade bestreichen und in Herzstreusel tauchen.

2 Glitzer mit einem Pinsel auf den Glasrand auftragen.

3 Himbeersauce im Glas verteilen, dabei Sauce für die Dekoration zurückbehalten.

Anrichten

4 Den Vanillemilchshake mit den gefrorenen Himbeeren mixen.

5 Den Milchshake in das Glas füllen.

6 Die Sahne steif schlagen und auf den Shake sprühen.

7 Die Himbeersauce über die Sahne träufeln.

8 Die weiße Schokolade in Stücke brechen und mit dem bunten Puffreis über der Sahne verteilen.

9 Mit einem Pinsel Glitzer auf der Sahnehaube verteilen.

S'mores Freakshake

ZUM DAHINSCHMELZEN

ZUTATEN

Ganache aus Zartbitterschokolade

20 g Mini Marshmallows

3 EL Schokoladensauce

Butterkekse

1 Riegel Milchschokolade

Sahne

Schokoladenmilchshake

VORBEREITUNG

1 Ein Glas mit Ganache aus Zartbitterschokolade bestreichen und in Mini Marshmallows dippen.

2 Die Schokoladensauce am Innenrand des Glases verteilen, dabei Sauce für die Dekoration zurückbehalten.

3 S'Mores vorbereiten und dafür jeweils ein Stück Milchschokolade und einen Marshmallow zwischen 2 Butterkeksen legen. 5 Minuten bei 150 °C (Umluft) im Backofen backen. Anschließend die S'Mores aufeinanderlegen.

ANRICHTEN

4 Den Schokoladenmilchshake in das Glas füllen.

5 Die Sahne steif schlagen und auf den Milchshake sprühen.

6 Restliche Schokoladensauce auf die Sahne träufeln.

7 Die restlichen Mini Marshmallows darüberstreuen.

8 S'mores auf der Sahne drapieren.

Sahne-Likör-Freakshake

MIT SCHUSS

ZUTATEN

Ganache aus Zartbitterschokolade
20 g Schokoladenraspel
3 EL Schokoladensauce
Vanillemilchshake
1 Schuss Schokoladen-Sahnelikör
Sahne
Belgische Schoko-Waffeln

VORBEREITUNG

1 Ein Glas mit Ganache aus Zartbitterschokolade bestreichen und in Schokoladenraspel dippen, dabei Schokoladenraspel für die Dekoration zurückbehalten.

2 Schokoladensauce an der Innenseite des Glases verteilen, dabei Sauce für die Dekoration zurückhalten.

ANRICHTEN

3 Den Vanillemilchshake mit einem Schuss Schokoladen-Sahnelikör mixen.

4 Den Milchshake in das Glas füllen.

5 Die Sahne steif schlagen und auf den Milchshake sprühen.

6 Die restliche Schokoladensauce darüberträufeln.

7 Schokoladenraspel darüberstreuen.

8 Belgische Waffel auf die Sahnehaube legen.

Pistazie-White-Chocolate Freakshake

LECKERE NUSS

ZUTATEN

40 g Cornflakes

100 g weiße Schokolade

Ganache aus weißer Schokolade

20 g gehackte Pistazien

Vanillemilchshake

1 EL Pistazienaroma

Sahne

VORBEREITUNG

1 Aus Cornflakes und geschmolzener weißer Schokolade kleine Pralinen zubereiten. Dafür die Schokolade im Wasserbad schmelzen, die Cornflakes vorsichtig hineinrühren. Mit zwei kleinen Löffeln kleine Häufchen aus der Masse auf ein Backpapier setzen und auskühlen lassen.

2 Glas mit Ganache aus weißer Schokolade bestreichen und in gehackte Pistazien dippen, dabei Pistazien und Ganache für die Dekoration zurückbehalten.

3 Ganache am Innenrand des Glases verteilen.

ANRICHTEN

4 Das Pistazienaroma unter den Vanillemilchshake rühren.

5 Den Milchshake in das Glas füllen.

6 Die Sahne steif schlagen und auf den Milchshake sprühen.

7 Weiße Schokoladenganache auf der Sahne verteilen.

8 Die restlichen gehackten Pistazien auf die Sahne streuen.

9 Cornflakespralinen darüber verteilen.

1/4 CUP

Cookie Dough & Brownie Freakshake

KOMPLETT VEGAN

Zutaten

1 Banane
75 g Zartbitter-kuvertüre
75 g Zartbitter-Schokoladendrops
Zartbitterschokolade
vegane Cookie-Dough-Kugeln, sowie etwas unbearbeiteten Teig
300 ml Sojamilch
1 EL Vanillezucker
vegane Sahne
vegane Brownies
Holzspieß

Vorbereitung

1 Die Bananen in Scheiben schneiden und in das Gefrierfach legen.

2 Ein Glas zuerst in geschmolzene Zartbitterkuvertüre und dann in Zartbitter-Schokoladendrops dippen.

3 Die Zartbitterschokolade im Wasserbad schmelzen und am Innenrand des Glases verteilen, dabei Schokolade für die Dekoration zurückbehalten.

4 2 EL Cookie Dough an den Innenrand des Glases drücken.

Anrichten

5 Aus Sojamilch, den gefrorenen Bananenscheiben und Vanillezucker ein Milchshake mixen und in das Glas füllen.

6 Die vegane Sahne steif schlagen auf dem Shake verteilen.

7 Geschmolzene Zartbitterschokolade auf die Sahne spritzen.

8 Die Brownies in Stückchen schneiden und abwechselnd mit den Cookie-Dough-Kugeln auf einen Holzspieß spießen und in das Glas stecken.

Autorin

Die Liebe zu amerikanischen Desserts hat mich im Jahr 2012 dazu gebracht in meiner Heimatstadt Berlin einen eigenen Cupcakeladen zu eröffnen.
Wir im Cupcakeladen backen und kreieren alles was das Herz begehrt und noch darüber hinaus.
Da das Motto von mir und meiner Mitarbeiterin Vanessa „zu viel gibt es nicht“ lautet, waren wir für Freakshakes sofort Feuer und Flamme. Bei amerikanischen Desserts und vor allem bei Freakshakes kann man sich ohne Ende austoben und ist regelrecht dazu verpflichtet zu übertreiben. Da sind frittierte Kekse, ganze Zimtschnecken oder kleine Cheesecakes als Dekoration quasi ein Muss.
Wir bieten bei uns im Cupcakeladen außergewöhnliche und extravagante Naschwerke an, das ist das, was uns ausmacht.

Impressum

FOTOS: frechverlag GmbH, 70499 Stuttgart; lichtpunkt, Michael Ruder, Stuttgart
ILLUSTRATIONEN: Creative Market (WINS Doodle Shop: Dmitry Venevtsev; RuleByArt)
PRODUKTMANAGEMENT: Franziska Schmidt
LEKTORAT: Dr. Katrin Korch, www.literatur-und-mehr.de
LAYOUTENTWICKLUNG: Eva Grimme
SATZ: Eva Grimme
DRUCK UND BINDUNG: Bilnet A.S, Türkei

1. Auflage 2017

ISBN 978-3-7724-8038-6
Best.-Nr. 8038